BEI GRIN MACHT SICH IHR WISSEN BEZAHLT

Nina Eger

Beschäftigungspolitische Auswirkungen des "Poldermo-dell"

GRIN Verlag

Bibliografische Information der Deutschen Nationalbibliothek:

Die Deutsche Bibliothek verzeichnet diese Publikation in der Deutschen National-
bibliografie; detaillierte bibliografische Daten sind im Internet über http://dnb.d-
nb.de/ abrufbar.

Impressum:

Copyright © 2008 GRIN Verlag, Open Publishing GmbH
Druck und Bindung: Books on Demand GmbH, Norderstedt Germany
ISBN: 978-3-640-19249-6

Dieses Buch bei GRIN:

http://www.grin.com/de/e-book/116812/beschaeftigungspolitische-auswirkungen-
des-poldermodell

Carl von Ossietzky Universität Oldenburg
Handlungsfelder deutscher Politik
Wintersemester 2007/08

Das Poldermodell

Vorgelegt von:
Nina Eger

5. Sozialwissenschaften

Inhaltsverzeichnis

1. Einleitung

Anfang der 1980er Jahre machten die Niederlande noch wegen ihrer dramatischen wirtschafts- und sozialpolitischen Situation als „kranker Mann Europas"[1]
weltweit Schlagzeilen. Und besonders gut sah es auch nicht aus: Die Zahl der
Arbeitslosen stieg monatlich um 10.000 Personen an und erreichte 1984 ihren
Rekord mit 800.000 Arbeitslosen, was 14% Prozent bzw. nach OECD Berech-
nungen[2] 27% der Erwerbsbevölkerung ausmachte. Infolge der hohen Arbeitslosigkeit und verschiedener Möglichkeiten früher aus dem Erwerbsleben aus-
zuscheiden, erhöhte sich die Zahl der Leistungsempfänger des sozialen Si-
cherungssystems drastisch; weshalb auch die Staatsschuld beträchtlich an-
wuchs.[3]

Umso erstaunlicher ist die Entwicklung, die die Niederlande seit Mitte der
1990er Jahren machte. Quasi über Nacht wandelte sich die besorgniserre-
gende Situation der Niederlande zum allgemeinen beschäftigungspolitischen
Vorbild. Niemand sprach mehr vom „kranken Mann", sondern nur noch von
dem niederländischen Poldermodell, das diesen beschäftigungspolitischen Erfolg erst möglich machte.

Nach Kleinhenz gibt es eine Gemeinsamkeit im öffentlichen Interesse an der
Erfüllung des beschäftigungs- und arbeitsmarktpolitischen Wohlfahrtsziels:

> „[Ziel ist es] für alle potentiell Erwerbsfähigen die Fähigkeit zu eigener Exis-
> tenzsicherung durch Arbeit [...] zu stärken und Beschäftigung unter den best-
> möglichen Bedingungen zu gewährleisten, und zwar zum Wohle des einzel-
> nen wie des Gemeinwesens."[4]

In dieser Arbeit wird der Versuch unternommen dem Mysterium des Poldermodells auf die Spur zu kommen, indem der Frage nachgegangen wird: War
das Poldermodell Mitte der 1990er Jahre wirklich beschäftigungspolitisch erfolgreich?

Um diese Frage zu beantworten soll zunächst das Poldermodell definiert werden, um im Anschluss die zwei wesentlichen korporatistischen Interessenvertretungen kurz vorzustellen. Ein weiterer Punkt stellt das Abkommen von

---

[1] Ex- Minister Präsident Lubbers 1990, in: Schettkat, 1997, S. 807.
[2] In die Arbeitslosenquote der OECD werden auch noch die Personen mit einrechnet, die zwar regist-
riert waren aber dem Arbeitsmarkt nicht zur Verfügung standen, die Frührentner und Sozialhilfeemp-
fänger sowie die Beschäftigten in staatlich geförderten Maßnahmen und staatlich subventionierten
Arbeitsverhältnissen.
[3] Vgl.: Visser/ Hemerijck, 1998, S. 27ff.
[4] Kleinhenz, 1998, S. 260.

Wassenaar dar, sowie die daraus resultierenden Kernpunkte der Regierung. Eine Darstellung der Ergebnisse des Poldermodells beschließt diesen Abschnitt. Im letzten Punkt soll mit einer kritischen Betrachtung der Ergebnisse auf die Fragestellung geantwortet werden.

2. Poldermodell

2.1 Definition

Wenn das Poldermodell untersucht werden soll, muss zunächst eine begriffliche Bestimmung vorgenommen werden. Das Poldermodell lässt sich in die Teile „Polder" und „Modell" aufteilen.

Die Polder sind „das in gemeinsamer Arbeit dem Meer abgerungene Land."[5] Es handelt sich hierbei um eine Deichlandschaft, die zum Schutz gegen das vordringende Meer angelegt wurde.[6]

Unter einem Modell lässt sich ein Vorbild bzw. ein Muster verstehen.

Ähnlich wie bei der Landgewinnung, war es in der dramatischen Arbeitsmarktlage der Niederlande in den 1980er Jahren notwendig, gemeinsam mit allen Verantwortlichen, zu einer Verbesserung der Situation zu kommen.

Demnach ist unter dem Poldermodell[7] die vorbildhafte, enge Zusammenarbeit von Regierung, Arbeitgeberverbänden und Gewerkschaften, in Bezug auf die dramatische Arbeitsmarktsituation der Niederlande, zu verstehen.[8]

Diese Zusammenarbeit wurde und wird durch korporatistische Interessenvertretungen unterstützt, die im Folgenden näher erläutert werden.

---

[5] Schneider, 2004, S. 38.
[6] Vgl.: Schulten/ Mühlhaupt, 2003, S. 45.
[7] Anzumerken ist, dass die zum Poldermodell viel zitierten Autoren Jelle Visser und Anton Hemerijck nie von einem Modell geschrieben haben und die Auffassung vertreten, dass es zu keiner Zeit ein Modell oder Art Plan gegeben hat. Vgl. dazu: Visser/ Hemerijck, 1998, S. 247.
[8] Vgl.: www.niederlandeweb.de/de/content/community/Wirtschaft/Unternehmerplattform/beziehungen/ FAQ /1149877007#1149877007, Zugriff am 21.12.07.

2.2 Korporatistische Interessenvertretungen

Unter Korporatismus ist die „institutionalisierte und gleichberechtigte Beteiligung von gesellschaftlichen Verbänden an der Formulierung und Ausführung staatlicher Politik"[9] zu verstehen.

Es können zwei Arten von Korporatismus unterschieden werden. Zum einen gibt es den sozialdemokratischen Korporatismus, dieser wird durch starke sozialdemokratische Parteien sowie starke Gewerkschaften bestimmt. Zum anderen gibt es den liberalen Korporatismus, der sich durch schwache und gespaltene Gewerkschaften und eine im Gegensatz dazu stärkere Position der Wirtschaft auszeichnet.[10] In den Niederlanden herrscht letzterer vor.

Die wichtigsten Institutionen korporatistischer Interessenvertretungen in den Niederlanden sind zum einen die Stiftung für Arbeit (STAR) und zum anderen der Sozial-ökonomische Rat (SER).[11]

Für die Lohnpolitik ist die STAR, die bereits 1945 auf Initiative der Sozialpartner gegründet wurde, das wichtigste Gremium. Zweimal im Jahr finden in diesem Rahmen tripartistische Beratungen zwischen der Regierung und den Sozialpartnern, die sog. Frühjahrs- und Herbstberatungen[12], statt.[13]

Der SER wurde im Jahr 1950 gegründet und galt als oberstes wirtschafts- und sozialpolitisches Beratungsorgan der Regierung. Ab den 1970er Jahren gelang es dem SER nicht mehr internen Konsens zu erzielen, wodurch er immer weniger Einfluss auf die Regierungspolitik nahm. In den letzten Jahren hat der SER durch die Stiftung der Arbeit zunehmend an Bedeutung verloren und 1995 wurde ihm schlussendlich sein Vorrecht zur Beratung der Regierung entzogen.[14]

---

[9] Czada, 1998, S. 218.
[10] Vgl.: Visser/ Hemerijck, 1998, S. 27.
[11] Vgl.: Visser/ Hemerijck, 1998, S. 125.
[12] In den Frühjahrsberatungen wird das Budget für das folgende Geschäftsjahr vorbereitet und im Herbst werden Lohnverhandlungen geführt.
[13] Vgl.: Visser/ Hemerijck, 1998, S. 125f.
[14] Vgl.: Visser/ Hemerijck, 1998, S. 126.

2.3 Abkommen von Wassenaar

Im November 1982 verkündeten die Vertreter des Gewerkschaftsbundes (Wim Kok) und des Dachverbandes der Arbeitgebervereinigungen (Chris van Veen), dass sie ein Abkommen über „allgemeinverbindliche Empfehlungen und Fragen der Beschäftigungspolitik" getroffen hätten. Dieses Abkommen wurde nach dem Wohngebiet Wassenaar in der Nähe von den Haag, wo die Vereinbarung vorbereitet wurde, benannt.[15]

Das „Abkommen von Wassenaar" gilt als Wendepunkt des niederländischen Arbeitsmarktdesasters. Außerdem gilt es als Symbol für den wieder gewonnenen Korporatismus, denn seit den 1970er Jahren hatten die Dachverbände, unter dem Druck der Regierung, jedes Jahr den Versuch unternommen, eine Einigung auszuhandeln und bis auf ein Mal waren alle Versuche erfolglos geblieben. Bis zu diesem Abkommen erzwang die Regierung deshalb sieben Mal einen Lohnstopp bzw. eine Begrenzung der Lohnerhöhungen.[16]

Die drei Sozialpartner nahmen zum Zeitpunkt des Abkommens von Wassenaar unterschiedlich starke Positionen ein. Die Arbeitgeberverbände konnten gegenüber den Gewerkschaften, aufgrund der hohen Arbeitslosigkeit ein deutliches Machtübergewicht verzeichnen. Die stärkste Position hatte die Regierung unter Premier Lubbers inne; sie hätte auch ohne Einigung der Sozialpartner die Möglichkeit gehabt einen Lohnstopp gesetzlich durchzusetzen.[17]

Arbeitgeberverbände und Gewerkschaften einigten sich in dem Abkommen auf drei Kernpunkte: Lohnzurückhaltung, Arbeitszeitverkürzungen und aktive Beschäftigungspolitik.[18]

Zu beachten ist an dieser Stelle, dass es sich bei dem Abkommen von Wassenaar lediglich um eine Vereinbarung und nicht um eine rechtliche Verpflichtung handelte. Dies wurde in den 1980er Jahren noch als Schwäche gesehen, allerdings lässt sich rückschauend festhalten, dass sich überwiegend daran gehalten wurde.

---

[15] Vgl.: Visser/ Hemerijck, 1998, S. 111.
[16] Vgl.: Visser/ Hemerijck, 1998, S. 111.
[17] Vgl.: Stille, 1998, S. 300.
[18] Vgl.: Schettkat, 1997, S. 810.

Im Folgenden werden die drei Kernpunkte des Abkommens: Lohnzurückhaltung, Arbeitszeitverkürzungen und aktive Beschäftigungspolitik näher erläutert.

Die Strategie der Lohnzurückhaltung war, nach dem zentralen Planungsbüro der Regierungsbehörde für Wirtschaftsprognosen, „Hollands wichtigste Waffe im internationalen Wettbewerb"[19] und verfolgte im Wesentlichen drei Ziele. Erstens sollten Unternehmen zu Investitionen ermutigt werden, die wiederum die notwendige Vorbedingung für die Schaffung neuer Arbeitsplätze sind. Zweitens sollte eine Lohnzurückhaltung zu dem Verkauf von Gütern und Dienstleistungen auf ausländischen Märkten beitragen und somit die Nettoexportquote erhöhen. Und drittens sollten mit der Strategie der Lohnzurückhaltung mehr Menschen ihre Arbeit behalten können, also die Unternehmen am Stellenabbau gehindert werden.[20]

Anfang der 1980er Jahre wurde der Gulden an die DM gebunden, d.h. die niederländische Bank folgte der Bundesbank und hatte den nominalen Wechselkurs zwischen dem Gulden und der DM fixiert. Dies führte aufgrund der Lohnzurückhaltung in den Niederlanden zu einem steigenden Wechselkurs des Guldens gegenüber der DM. Damit wurden Waren aus den Niederlanden für den DM- Wirtschaftsraum günstiger und dem gegenüber Waren aus dem DM- Wirtschaftsraum für den Gulden teurer. Hierdurch sollte und wurde der niederländische Außenhandelsbeitrag verbessert.[21]

Die aktive Beschäftigungspolitik, die Umverteilung der Arbeit auf eine größere Anzahl an Erwerbspersonen und die damit einhergehende Arbeitszeitverkürzung, sind ebenfalls wichtige Elemente des Abkommens von Wassenaar. Mit diesen Strategien sollten, wie auch durch die Lohnzurückhaltung, die Arbeitslosenzahlen gesenkt, die Beschäftigung erhöht und damit das Haushaltsdefizit verringert werden.

---

[19] CPB, in: Visser/ Hemerijck, 1998, S. 44.
[20] Vgl.: Visser/ Hemerijck, 1998, S. 44ff.
[21] Vgl.: Schettkat, 1997, S. 808f.

2.4 Kernpunkte der Regierungen ab 1982

Das Poldermodell wurde Mitte der 1990 Jahre zum Synonym für die erfolgreiche sozialökonomische Konsenspolitik unter Ministerpräsident Kok.[22] Obwohl sich die weltweit Aufmerksamkeit erregenden, positiven Entwicklungen der Niederlande erst Mitte der 1990er Jahre bemerkbar machten, begannen viele der dafür verantwortlichen Maßnahmen bereits mit dem Antritt der Regierung Lubbers. Da die Wirtschaftspolitik der Regierung Kok im Wesentlichen die gleichen Ziele wie die Regierung Lubbers verfolgte,[23] wird sich im Folgenden darauf beschränkt, die wesentlichen Kernpunkte der politischen Zielvorgaben ab 1982 darzustellen und darauf verzichtet, diese den einzelnen Regierungen zuzuordnen.

Ab 1982 verpflichtete sich die Regierung auf eine dreigleisige Strategie die fast deckungsgleich mit dem Abkommen von Wassenaar war. Erstens sollten die öffentlichen Finanzen reorganisiert werden, um das Finanzierungsdefizit zu verringern. Zweitens sollte der Wirtschaftsaufschwung durch „verbesserte Profitabilität der Unternehmen, niedrigere Arbeitskosten, industrielle Umstrukturierung [...]"[24] gefördert werden. Die dritte Strategie stellte die Teilung von Arbeitsplätzen ohne zusätzliche Kosten für Unternehmen, zur Eindämmung der Arbeitslosigkeit dar. Zwei Tage vor dem Abkommen von Wassenaar veröffentlichte die Regierung diese Strategien und gab bekannt, dass sie sich entschieden hatte, die Preiskompensation aufzuheben und die Einkommen der öffentlich Bediensteten sowie den Mindestlohn und die Sozialleistungen einzufrieren.[25]

Die Beamtengehälter und Sozialleistungen wurden um drei Prozent gekürzt, die Koppelung zwischen den Sozialleistungen und Beamtengehältern und den Tariflöhnen aufgehoben. Außerdem wurden große Einsparungen bei den Staatsausgaben vorgenommen. Das Staatsdefizit wurde durch den Abbau von Subventionen für bedrohte bzw. unrentable Branchen verringert und die Strukturpolitik konzentrierte sich verstärkt auf technologische Erneuerungen sowie Forschung und Lehre.[26] Deregulierung und Wettbewerb wurden gestärkt und

---

[22] Vgl.: Wielenga, 2004, S. 7.
[23] Vgl.: Paridon, 2004, S. 402.
[24] Vgl.: Visser/ Hemerijck, 1998, S. 139.
[25] Vgl.: Visser/ Hemerijck, 1998, S. 139.
[26] Vgl.: Werner, 1997, S. 7.

erste Schritte in Richtung Privatisierung[27] unternommen. Es wurden viele Anpassungen auf dem Arbeitsmarkt und im Bereich der Sozialversicherung vorgenommen, so wurde z.b. der Begriff „zumutbare Arbeit" erweitert und ein Minimallohn festgelegt. Da die Zahl der zu unterstützenden Arbeitnehmer Anfang der 90er Jahre ca. 800.000 betrug, wurde das Leistungsniveau der Sozialversicherung gesenkt und die Bewilligungsvoraussetzungen eingeengt.[28] So wurde die Unterstützung in Abhängigkeit von der Dauer der vorherigen Beschäftigung berechnet und bei Arbeitsunfähigkeit, wurde diese alle fünf Jahre ärztlich überprüft. Seitdem ist die Zahl der Leistungsempfänger langsam aber kontinuierlich zurückgegangen.[29]

Zwar stießen diese Maßnahmen auf Widerstand in der Gesellschaft auch in Form von Streiks und Demonstrationen, doch rückblickend stellten diese Konflikte keine Bedrohung für den eingeschlagenen Kurs dar.[30]

Festzuhalten ist, dass die Regierungen ab 1982 fast deckungsgleiche Strategien verfolgten, wie die die in Wassenaar beschlossen wurden, allerdings die Durchsetzung nicht ohne den Rückhalt von Arbeitgeberverbänden und Gewerkschaften, also nicht ohne Wassenaar, hätten realisieren können.

---

[27] So zog sich der Staat aus einer Reihe klassischer Staatsdienstleistungen, wie Postbank, Post und Telekommunikation, zurück.
[28] Vgl.: Paridon, 2004, S. 399ff.
[29] Vgl.: Werner, 1997, S. 8.
[30] Vgl.: Wielenga, 2004, S. 98.

2.5 Ergebnisse

Die Erfolge des sog. Poldermodells können sich durchaus sehen lassen. Zwischen 1983 und 1993 gab es einen Beschäftigungszuwachs (siehe hierzu Abb. 1) von durchschnittlich 1,8%, was in diesem Zeitraum das höchste Beschäftigungswachstum in der EU darstellte;[31] ab 2000 konnten erstmals wieder Haushaltsüberschüsse verzeichnet werden. Ebenso hat sich von 1994 bis 2000 die Zahl der Arbeitsplätze um 20% gesteigert.[32]

Abbildung 1: Beschäftigungswachstum

Beschäftigungswachstum in den Niederlanden, der EU und ausgewählten OECD-Ländern (jährliche Wachstumsraten, in %)

	1983–1993	1994	1995	1996	1997[a]
Niederlande	1,8	0,8	2,4	1,9	2,0
Europäische Union	0,4	−0,7	0,5	0,1	0,4
Belgien	0,5	−0,7	0,3	0,1	0,5
Deutschland[b]	0,7	−1,8	−0,3	−1,2	−0,9
Frankreich	0,1	−0,4	0,9	−0,2	0,2
Dänemark	0,2	1,2	1,6	1,0	1,3
Schweden	−0,6	−0,7	1,6	−0,6	−0,4
Großbritannien	0,6	1,2	0,8	0,5	1,3
Vereinigte Staaten	1,8	3,2	1,5	1,4	2,3

a Fortschreibung. b Bis 1993 nur Westdeutschland.
Quelle: OECD, Employment Outlook, Juli 1994 und Juli 1997

Die durchschnittliche Arbeitszeit pro Arbeitnehmer betrug 1973 noch 1.724 Stunden im Jahr (ca. 37- 38 Stunden in der Woche) und 1996 nur noch 1.372 Stunden im Jahr, also ca. 30-32 Stunden pro Woche.[33]

Ein Vergleich mit anderen Ländern ist allerdings problematisch, da in den durchschnittlichen Arbeitsstunden pro Jahr, der Durchschnitt der Vollzeit- und Teilzeitbeschäftigungen kombiniert wird und somit die durchschnittliche Arbeitszeit der Niederlande erheblich durch die hohe Teilzeitbeschäftigungsquote verringert wird.[34]

In den Niederlanden machen Teilzeit- und flexible Beschäftigungsverhältnisse seit 1983 drei Viertel der neuen Arbeitsplätze aus. Insgesamt waren 60% der seit 1987 neu geschaffenen Arbeitsplätze Teilzeitstellen mit weniger als 35 Stunden pro Woche.[35]

---

[31] Vgl.: Visser/ Hemerijck, 1998, S. 41.
[32] Vgl.: Paridon, 2004, S. 403ff.
[33] Vgl.: Visser/ Hemerijck, 1998, S. 48.
[34] Vgl.: Visser/ Hemerijck, 1998, S. 48f.
[35] Vgl.: Visser/ Hemerijck, 1998, S. 49.

Abbildung 2: Teilzeitquoten

Teilzeitquoten in den EU-Staaten nach Geschlecht, 2000 in Prozent

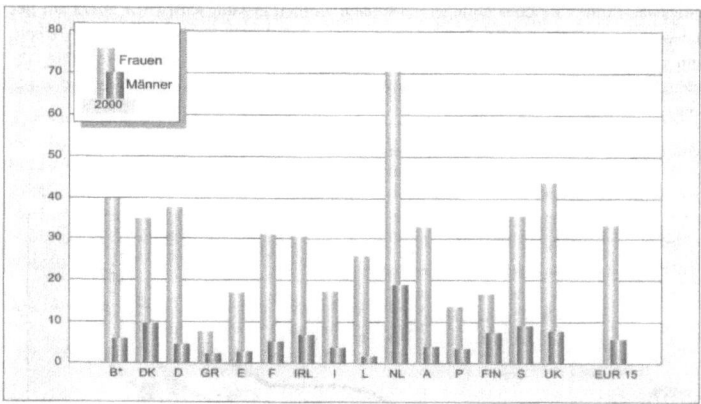

* Belgien: nur Arbeitnehmer

Quelle: Eurostat: Arbeitskräfteerhebung 1998; Irland 1997.

Ingesamt ist die Teilzeitbeschäftigung um ca. 20% angestiegen. Festzustellen ist weiterhin, dass Teilzeitbeschäftigung in den Niederlanden zum größten Teil von Frauen ausgeübt wird (siehe Abb. 2), so arbeiten zwei von drei berufstätigen Frauen in Teilzeit. Im Vergleich dazu, geht nur jeder sechste berufstätige Mann einer Teilzeitbeschäftigung nach; was allerdings im Vergleich mit anderen Ländern schon ein Rekordergebnis darstellt. Des Weiteren lässt sich feststellen, dass Frauen häufiger geringfügigeren Teilzeitbeschäftigungen mit weniger als 20 Stunden in der Woche nachgehen. Über die Struktur der Teilzeitarbeitsplätze lässt sich sagen, dass drei von vier Teilzeitstellen sich auf die drei Branchen: persönliche Dienstleistungen, Hotels, Restaurants sowie Einzelhandel beschränken.[36]

Nach den Einkommensstatistiken verdienen Frauen 30-35% des Haushaltseinkommens. Die Entwicklung zu einem Familieneinkommensmodell, war jedoch nie wirklich geplant, sondern „sie flog uns einfach zu"[37], erklärt ein Mitarbeiter des Ministers für Arbeit und Soziales. Obwohl die Entwicklung, die die

---

[36] Vgl.: Visser/ Hemerijck, 1998, S. 51.
[37] Visser/ Hemerijck, 1998, S. 67.

Teilzeitarbeit genommen hatte, also nicht geplant war, wurden Schritt für Schritt die rechtlichen Rahmenbedingen für Teilzeitbeschäftigte verbessert.[38] Während bis 1993 der größte Teil der neuen Arbeitsplätze durch die Schaffung von Teilzeitarbeitsplätzen entstand, war im gleichen Zeitraum eine deutliche Zunahme an flexiblen Arbeitsverhältnissen zu verzeichnen. Eine flexible Arbeitsstelle zeichnet sich dadurch aus, dass in dem Arbeitsvertrag eine bestimmte Zeitdauer oder auch variable Zahl der Arbeitsstunden pro Monat, Woche oder Tag festgelegt ist. Im Jahr 1994 waren so insgesamt 11% aller Beschäftigungsverhältnisse zeitlich befristet.[39]

Für die Langzeitarbeitslosen hat sich im Vergleich zu 1983 nichts geändert, der Prozentsatz ist sogar noch etwas angestiegen (siehe Abb. 3).

Abbildung 3: Langzeitarbeitslosigkeit

Langzeitarbeitslosigkeit in den Niederlanden und ausgewählten OECD-Ländern (Prozentsatz der länger als 12 Monate Arbeitslosen)		
	1983	1990	1996
Niederlande	48,8	49,3	49,0
Belgien	64,8	68,7	61,3
Deutschland	41,6	46,8	48,3[a]
Frankreich	42,2	38,0	39,5
Dänemark	44,3	30,0	26,5
Schweden	10,3	4,7	17,1
Großbritannien	45,6	34,4	39,8
Vereinigte Staaten	13,3	5,5	9,5

a 1995.
Quelle: OECD, Employment Outlook 1996, Paris, Juli 1996

Die Arbeitslosigkeit hat sowohl absolut als auch relativ abgenommen; allerdings liegt die „breite Arbeitslosigkeit"[40] bei 20 Prozent der Erwerbsbevölkerung. Zu beachten ist weiterhin, dass die neuen Arbeitsplätze überwiegend an jüngere und besser qualifizierte Arbeitnehmer gegangen sind.

Nicht zu vergessen ist auch die Tatsache, dass die Erwerbsquote der niederländischen Männer zwischen 55 und 64 Jahren eine der niedrigsten in Europa

---

[38] Vgl.: Visser/ Hemerijck, 1998, S. 66ff.
[39] Vgl.: Visser/ Hemerijck, 1998, S. 49.
[40] Die breite Arbeitslosigkeit wird an der Zahl aller Erwerbsfähigen gemessen und setzt sich aus dem Anteil der Arbeitslosen und dem Anteil der Personen, die zwar erwerbsfähig sind, aber aus verschiedenen Gründen (z.B. Arbeitsbeschaffungs- und Qualifizierungsmaßnahmen, Frühverrentung oder Vorruhestand) nicht am Erwerbsleben teilnehmen.

darstellt. In diesem Zusammenhang sind auch die geringen Beschäftigungschancen ethnischer Minderheiten und ungelernter Arbeitnehmer zu nennen.[4-]
Die Ergebnisse der Lohnzurückhaltung lassen sich in binnen- und außenwirtschaftliche Effekte aufteilen. Die binnenwirtschaftlichen Effekte sind ambiva-
lent. Zum einen bringen sie eine Kostenentlastung und wirken daher nachfra-
ge- und beschäftigungsfördernd, zum anderen reduzieren sie die Kaufkraft
und damit die Nachfrage. Der außenwirtschaftliche Effekt der Lohnzurückhaltung bei festen Wechselkursen ist dagegen positiv zu bewerten.[42]

Abbildung 4: Arbeitslosigkeit

Arbeitslosigkeit in den Niederlanden, der EU und
ausgewählten OECD-Ländern

	1983	1990	1993	1994	1995	1996
Niederlande	9,7	6,2	6,6	7,1	6,9	6,3
Europäische Union[b]	9,2	8,5	10,6	11,4	11,1	11,5
Belgien	11,1	6,7	8,9	10,1	9,9	9,8
Deutschland[a]	7,7	4,8	7,9	8,4	8,2	9,0
Frankreich	8,1	9,0	11,7	12,3	11,7	12,4
Dänemark	–	7,7	10,1	8,2	7,1	6,0
Schweden	3,9	1,8	9,5	9,8	9,2	10,0
Großbritannien	11,1	7,1	10,5	9,6	8,8	8,2
Vereinigte Staaten	9,6	5,6	6,9	6,1	5,6	5,4

a Bis 1993 nur Westdeutschland.
b Nicht standardisiert (nach der landesüblichen verwendeten Definition), siehe Employment
Outlook 1997, Tabelle B.
Quelle: OECD, Employment Outlook, Paris, Juli 1994 und Juli 1997, Tabelle A

Zusammenfassend schafften die Niederlande außerordentlich viele Arbeitsplätze, in einer Situation, in der fast überall in der Europäischen Union eine
sehr hohe Arbeitslosigkeit (siehe Abb. 4) zu verzeichnen war. Anzuführen ist
auch die Zusammensetzung des Arbeitsmarktes, die enorme Zunahme der
Teilzeitarbeitsplätze und der damit eng in Zusammenhang stehende Anstieg
der Frauenerwerbsquote sowie die Ausweitung des Dienstleistungsbereiches.

---

[41] Vgl.: Visser/ Hemerijck, 1998, S. 24f.
[42] Vgl.: Schettkat, 1997, S. 809.

3.   Kritische Betrachtung

Wie die dargestellten Ergebnisse zeigen, gab es seit 1983 ein erstaunliches Beschäftigungswachstum zu verzeichnen. Allerdings sind ein großer Teil der neuen Arbeitsstellen Teilzeitbeschäftigungsverhältnisse, mit geringer Stundenzahl. Diese Arbeitsplätze werden in der überwiegenden Mehrzahl von Frauen besetzt, die nach dem Prinzip des männlichen Familienernährers, vorher nicht am Erwerbsleben teilgenommen hatten. Dies stellt eine Ursache dafür dar, dass die Arbeitslosenquote nicht im gleichen Maße sank, wie die Beschäftigungsquote stieg. Des Weiteren haben sich die Beschäftigungschancen älterer Männer sowie ethnischer Minderheiten und ungelernter Arbeitnehmer nicht wirklich verbessert, da die meisten neuen Jobs überwiegend an jüngere und qualifiziertere Arbeitnehmer gingen. Die Langzeitarbeitslosen machen noch immer die Hälfte aller Arbeitslosen aus. Außerdem hat zwar die Arbeitslosigkeit absolut und auch relativ abgenommen, allerdings beträgt die breit definierte Arbeitslosigkeit noch 20% der Erwerbsbevölkerung.

Wenn beschäftigungspolitischer Erfolg an der Arbeitslosenquote gemessen wird, dann ist auf den ersten Blick ein beachtlicher Erfolg in beschäftigungspolitischer Hinsicht zu verzeichnen, da die Arbeitslosigkeit im Vergleich zu Anfang der 1980er Jahre erheblich zurückgegangen ist. Allerdings besagte die Definition des beschäftigungspolitischen Ziels, dass möglichst alle potentiell Erwerbsfähigen im Erwerbsprozess integriert sein sollten. Dies ist insbesondere bei den Langzeitarbeitslosen, der Altersgruppe der Männer ab 55 Jahren, der ethnischen Minderheiten sowie bei den ungelernten Arbeitnehmern nicht der Fall.

Auf die eingangs gestellte Frage, ob Poldermodell Mitte der 1990er Jahre wirklich beschäftigungspolitisch erfolgreich war, lässt sich antworten, dass der niederländische Erfolg in Bezug auf die Beschäftigung und den Arbeitsmarkt Mitte der 1990er Jahre einen relativen Erfolg darstellt. Denn er ist einerseits vor dem Hintergrund der wirtschafts- und sozialpolitischen Lage der 1980er Jahre und andererseits gegenüber den eher schwachen Leistungen der anderen europäischen Länder einzuordnen.[43]

---

[43] Vgl.: Visser/ Hemerijck, 1998, S. 25.

Literatur

Czada, Roland: Korporatismus, in: Nohlen, Dieter (Hrsg.): Lexikon der Politik, Beck, 1998, München.

Kleinhenz, Gerhard: Was ist beschäftigungspolitischer Erfolg, in: MittAB 2/98, S. 259-261.

OECD, Economic Outlook, 1997, Table 34.

Paridon, Kees von: Wiederaufbau - Krise – Erholung. Die niederländische Wirtschaft seit 1945, in: Wielenga, Friso/ Taute, Ilona (Hrsg.): Länderbericht Niederlande, agenda Verlag, Münster, 2004, S. 363- 422.

Schneider, Georg: Zwischen Poldermodell und einschneidenden Sparmaßnahmen, in: KAS- AI 2/04, S. 35- 49.

Schulten, Thomas/ Mühlhaupt, Bernd: Nullrunden in den Niederlanden, in: Mitbestimmung 12/2003, WSI Hans- Böckler- Stiftung, S. 45- 47.

Schettkat, Ronald: Jobwunder Niederlande – Vom kranken Mann Europas zum weltweiten Vorbild, in: MittAB, 4/97, S. 807- 810.

Stille, Frank: Der niederländische Weg: Durch Konsens zum Erfolg, in: MittA, 2/98, S. 294- 311.

Visser, Jelle/ Hemerijck, Anton: Ein holländisches Wunder? Reform des Sozialstaates und Beschäftigungswachstum in den Niederlanden, Campus- Verlag, Frankfurt a.M., 1998.

Voss- Dahm, Dorothea: Die Niederländer und ihr Modell, in: Blätter für deutsche und internationale Politik, Bonn, Bd. 43, Heft 1, 1998, S. 77- 84.

Werner, Heinz: Kann Deutschland von den Niederlanden lernen?, IAB Kurzbericht, Nr. 12, 12.12.1997.

Wielenga, Friso: Konsens im Polder, in: Wielenga, Friso/ Taute, Ilona (Hrsg.): Länderbericht Niederlande, agenda Verlag, Münster, 2004, S. 13- 130.

Internetlinks

www.niederlandeweb.de/de/content/community/Wirtschaft/Unternehmerplattform/bezi ehungen/FAQ/1 149877007#1149877007, Zugriff am 21.12.07.

Abbildungen

Abbildung 1: „Beschäftigungswachstum",
OECD, Employment Outlook, Juli 1994 und Juli 1997, in:
Visser, Jelle/ Hemerijck, Anton: Ein holländisches Wunder? Reform des Sozialstaates und Beschäftigungswachstum in den Niederlanden, Campus- Verlag, Frankfurt a.M., 1998, S. 41.

Abbildung 2: „Teilzeitquoten",
Eurostat: Arbeitskräfteerhebung 1998; Irland 1997, in:
Werner, Heinz/ Walwei, Ulrich: Beschäftigungsentwicklung und Arbeitsmarktinstitutionen: Der beschäftigungspolitische Erfolg der Niederlande, S. 7, in:
Blien, Uwe/ Butter, den Frank (Hrsg.): Institutionelle Rahmenbedingungen für Beschäftigungspolitik in den Niederlanden und in Deutschland, Bundesanstalt für Arbeit, Nürnberg, 2002, S. 3- 27.

Abbildung 3: „Langzeitarbeitslosigkeit",
OECD, Employment Outlook 1996, Paris, Juli 1996, in:
Visser, Jelle/ Hemerijck, Anton: Ein holländisches Wunder? Reform des Sozialstaates und Beschäftigungswachstum in den Niederlanden, Campus- Verlag, Frankfurt a.M., 1998, S. 57.

Abbildung 4: „Arbeitslosigkeit",
OECD, Employment Outlook, paris, Juli 1994 und Juli 1997, Tabelle A, in:
Visser, Jelle/ Hemerijck, Anton: Ein holländisches Wunder? Reform des Sozialstaates und Beschäftigungswachstum in den Niederlanden, Campus- Verlag, Frankfurt a.M., 1998, S. 41.

Handout

Seminar: Demokratien im Vergleich: Israel, Niederlande, Österreich

Referentin: Nina Eger   **Das Poldermodell**

1. **Einleitung**

   War das Poldermodell Mitte der 1990er Jahre wirklich beschäftigungspolitisch erfolgreich?

2. **Poldermodell**

   2.1 Definition

   Poldermodell: vorbildhafte, enge Zusammenarbeit von Regierung, Arbeitgeberverbänden und Gewerkschaften, in Bezug auf die dramatische Arbeitsmarktsituation der Niederlande.

   2.2 Korporatistische Interessenvertretungen

   sozialdemokratischer Korporatismus vs. liberaler Korporatismus

   Stiftung für Arbeit (STAR) und Sozial-ökonomischer Rat (SER)

   2.3 Abkommen von Wassenaar

   Abkommen über „allgemeinverbindliche Empfehlungen und Fragen der Beschäftigungspolitik." (im Jahr 1982)

   Lohnzurückhaltung, Arbeitszeitverkürzungen und aktive Beschäftigungspolitik

   2.4 Kernpunkte der Regierungen ab 1982

   - Finanzierungsdefizit verringern,

   - Wirtschaftsaufschwung fördern,

   - Teilung von Arbeitsplätzen ohne zusätzliche Kosten für Unternehmen.

   2.5 Ergebnisse

   Beschäftigungszuwachs, Schaffung neuer Arbeitsplätze, Reduzierung der durchschnittlichen Arbeitszeit, Zunahme der Teilzeit- und flexiblen Arbeitsverhältnisse, zwei von drei Frauen arbeiten Teilzeit, kaum veränderte Lage der Langzeitarbeitslosen, „breite" Arbeitslosigkeit bei 20%, weiterhin schlechte Arbeitsmarktchancen von Männer ab 55 Jahren, ethnischen Minderheiten sowie ungelernten Arbeitnehmern.

3. **Kritische Betrachtung**

   - beachtlicher Erfolg in beschäftigungspolitischer Hinsicht

   - Kritik: hohe Langzeitarbeitslosenquote; wenig Chancen: der Altersgruppe der Männer ab 55 Jahren, der ethnischen Minderheiten sowie der ungelernten Arbeitnehmer.

   → Es handelt sich um einen relativen Erfolg!

   - vor dem Hintergrund der wirtschafts- und sozialpolitischen Lage d. 1980er Jahre

   - und gegenüber den schwachen Leistungen der anderen europäischen Länder.